# Thomas Jefferson

## UNA VIDA DE PATRIOTISMO

por Ann-Marie Kishel

Libros para avanzar

Biografías

ediciones Lerner • Minneapolis

La edición en español fue realizada por un equipo de traductores nativos de español de
translations.com, empresa mundial dedicada a la traducción.

ediciones Lerner
Una división de Lerner Publishing Group
241 First Avenue North
Minneapolis, MN 55401 EUA

Dirección de Internet: www.lernerbooks.com

Las palabras en **negrita** se explican en un glosario en la página 31.

## Agradecimientos de fotografías

Las fotografías presentes en este libro se reproducen por cortesía de: © Bettmann/CORBIS,
portada, pág. 22; Biblioteca del Congreso, págs. 4, 11 (LC-USZC4-1583), 14 (LC-USZC4-
9904), 16 (LC-USZ62-1306), 21, 24 (LC-USZC4-3254), 26 (LC-USZ62-816); © North Wind
Picture Archives, págs. 6, 8, 10, 12, 18, 23; Archivos Nacionales, págs. 15, 27 (fotografía núm.
W & C #66); © James Marrinan, pág. 20; Centro de Información de la Biblioteca Pública de
Minneapolis, pág. 25.

Library of Congress Cataloging-in-Publication Data

Kishel, Ann-Marie.
    [Thomas Jefferson. Spanish]
    Thomas Jefferson : una vida de patriotismo / por Ann-Marie Kishel.
      p. cm. — (Libros para avanzar)
    Includes index.
    ISBN-13: 978-0-8225-6238-2 (lib. bdg. : alk. paper)
    ISBN-10: 0-8225-6238-3 (lib. bdg. : alk. paper)
    1. Jefferson, Thomas, 1743–1826–Juvenile literature.
    2. Presidents–United States–Juvenile literature. I. Title. II. Series.
    E332.79.K5718 2007
    973.4'6–dc22                                            2006006698

Fabricado en los Estados Unidos de América
1 2 3 4 5 6 – JR – 12 11 10 09 08 07

# Contenido

Thomas Jefferson

# Una vida de patriotismo

Thomas Jefferson fue el tercer
presidente de los Estados Unidos
de América. También redactó la
**Declaración de la Independencia**.
Thomas amaba a los Estados Unidos.
Hizo muchas cosas para demostrar
su **patriotismo**.

Es posible que la escuela a la que asistió Thomas se pareciera a esta.

# Primeros años

Cuando era niño, a Thomas le encantaban los libros. Sabía que tenía que aprender. Trabajaba duro en las tareas de la escuela. Tenía un cuaderno donde escribía sobre las cosas que veía y escuchaba. Cuando era joven, a veces se pasaba 15 horas por día estudiando.

Thomas trabajó en el capitolio colonial, en Williamsburg, Virginia.

# La democracia

Cuando Thomas creció, lo eligieron
para ayudar a gobernar Virginia.
Virginia era una **colonia** británica. El
rey de Gran Bretaña gobernaba a las
colonias británicas en Norteamérica.
Su gobierno creaba las leyes.

Jorge III era el rey de Gran Bretaña en esa época.

El rey Jorge hacía que los **colonos** pagaran **impuestos** a Gran Bretaña. Los colonos no podían opinar sobre esas leyes. Pensaban que no era justo.

Thomas creía en la **democracia**. Pensaba que la gente debería elegir a sus líderes. Opinaba que la gente debía hacer sus propias leyes.

Las personas estaban enojadas por las leyes del rey.

Soldados coloniales y británicos pelearon en 1776.

# La Declaración de la Independencia

Los colonos querían liberarse del rey. Querían crear sus propias leyes. Comenzó una guerra entre los colonos y Gran Bretaña. Se llamó la **Guerra de Independencia**.

Líderes coloniales observan la Declaración de la Independencia.

Thomas ayudó a escribir una carta al rey. Se llamó la Declaración de la Independencia.

14

Explicaba por qué los colonos debían tener su propio país. La carta enfadó al rey. Quería que las colonias siguieran siendo parte de Gran Bretaña.

La Declaración de la Independencia se firmó el 4 de julio de 1776.

Copyright, 1876, by Currier & Ives, N.Y.

GEORGE WASHINGTON.  GEN! HENRY KNOX, Secy. of War.  ALEXANDER HAMILTON, Secy. of the Treasury.  THOMAS JEFFERSON, Secy. of State.  EDMUND RANDOLPH, Attorney General

Estos primeros líderes estadounidenses formaron el primer gobierno.

# Un nuevo país

Finalmente, la guerra terminó. Las colonias se convirtieron en un país independiente. Las colonias se convirtieron en un país independente llamado los Estados Unidos. El presidente George Washington le pidió ayuda a Thomas para gobernar el país. Después, John Adams fue elegido presidente. Thomas fue el vicepresidente. Quería ayudar a su país.

Thomas fue a caballo a la ceremonia en que lo nombraron presidente.

# Presidente Jefferson

Thomas no estaba contento con la manera en que el presidente Adams gobernaba los Estados Unidos. Pensaba que más personas deberían ayudar a tomar decisiones para el país. Se postuló como candidato para presidente y ganó.

Cuando Thomas fue presidente, los Estados Unidos tenían **deudas**. Thomas se aseguró de que el gobierno gastara menos dinero.

Cuando Thomas fue presidente, el dinero tenía este aspecto.

El secretario del Tesoro, Albert Gallatin, ayudó a Thomas a reducir la deuda.

También encontró maneras para que el país ganara más dinero. El dinero extra se usó para pagar la mitad de las deudas del país.

Thomas Jefferson firma la Compra de Luisiana.

Mientras Thomas fue presidente, los Estados Unidos compraron un gran territorio a Francia. Esto se llamó la **Compra de Luisiana**.

Este territorio estaba entre el río
Mississippi y las montañas Rocosas.
Con él, los Estados Unidos se hicieron
mucho más grandes.

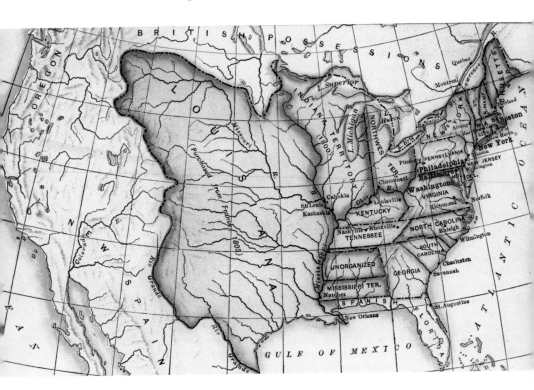

Thomas fue presidente durante ocho años. Sentía que había sido presidente el tiempo suficiente.

La casa de Thomas en Virginia se llama Monticello.

Pensaba que era hora de que los Estados Unidos tuvieran un nuevo presidente. Thomas volvió a su casa.

# Thomas Jefferson demostró su patriotismo ayudando a su país.

Esta familia demuestra su patriotismo celebrando el Día de la Independencia.

Trabajó duro para hacer de los Estados
Unidos un lugar mejor.  Sus decisiones
ayudaron a su país y a su gente.

# CRONOLOGÍA DE THOMAS JEFFERSON

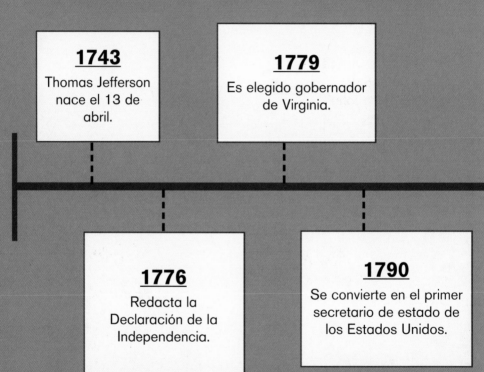

**1743**
Thomas Jefferson nace el 13 de abril.

**1779**
Es elegido gobernador de Virginia.

**1776**
Redacta la Declaración de la Independencia.

**1790**
Se convierte en el primer secretario de estado de los Estados Unidos.

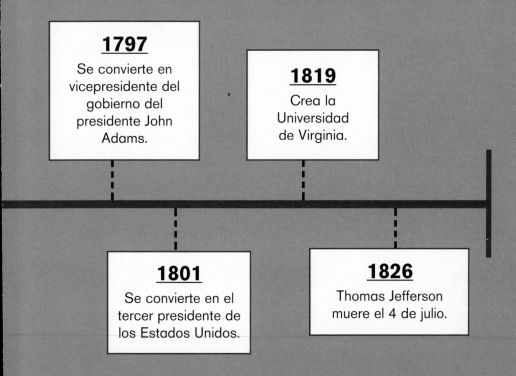

**1797**
Se convierte en vicepresidente del gobierno del presidente John Adams.

**1819**
Crea la Universidad de Virginia.

**1801**
Se convierte en el tercer presidente de los Estados Unidos.

**1826**
Thomas Jefferson muere el 4 de julio.

# Más sobre Thomas Jefferson

- Thomas Jefferson quería ser recordado como el autor de la Declaración de la Independencia y como el padre de la Universidad de Virginia.

- El rostro de Thomas Jefferson aparece en las monedas de cinco centavos y los billetes de dos dólares.

- Justo antes de que Thomas Jefferson fuera presidente, la Casa Blanca pasó de Filadelfia, Pensilvania, a Washington, D.C.

# Sitios Web

Biography of Thomas Jefferson
http://www.whitehouse.gov/history/presidents/tj3.html

Monticello: The Home of Thomas Jefferson
http://www.monticello.org/

Thomas Jefferson
http://www.americaslibrary.gov/cgi-bin/page.cgi/aa/jefferson

# Glosario

**colonia:** territorio gobernado por otro país

**colono:** persona que vive en una colonia

**Compra de Luisiana:** compra de un gran territorio que Francia vendió a los Estados Unidos

**Declaración de la Independencia:** carta que explica por qué Gran Bretaña no debería gobernar a las colonias Norteamericanas

**democracia:** gobierno en el cual las personas eligen a sus líderes y ayudan a hacer las leyes

**deuda:** dinero que una persona o país debe a otro

**Guerra de Independencia:** guerra entre Gran Bretaña y las colonias británicas en Norteamérica desde 1775 hasta 1783

**impuestos:** dinero que una persona paga a un gobierno

**patriotismo:** amor de una persona por su país

# Índice